360° 全景探秘

最不可思议的中国世界遗产

最不可思议的中国世界遗产

ZUI BU KE SI YI DE ZHONG GUO SHI JIE YI CHAN

360度全景探秘

最不可思议的中国世界遗产

主编 李 阳

天津出版传媒集团
天津科学技术出版社

图书在版编目（CIP）数据

最不可思议的中国世界遗产 / 李阳主编. —天津：
天津科学技术出版社，2012.4（2021.6重印）
（360度全景探秘）
ISBN 978-7-5308-6990-1
Ⅰ.①最… Ⅱ.①李… Ⅲ.①文化遗产—中国—通俗
读物 ②名胜古迹—中国—通俗读物 Ⅳ.①K203-49
②K928.7-49

中国版本图书馆CIP数据核字（2012）第078785号

360度全景探秘——最不可思议的中国世界遗产
360DU QUANJING TANMI —— ZUI BUKE SIYI DE ZHONGGUO SHIJIE YICHAN
责任编辑：杜宇琪
责任印制：刘　彤
出　　版：天津出版传媒集团
　　　　　天津科学技术出版社
地　　址：天津市西康路35号
邮　　编：300051
电　　话：（022）23332399
网　　址：www.tjkjcbs.com.cn
发　　行：新华书店经销
印　　刷：永清县晔盛亚胶印有限公司

开本 690×940　1/16　印张 10　字数 200 000
2021年6月第1版第5次印刷
定价：35.00元

目 录

一、自然景观遗产

泰山

五岳之首

泰山，绵亘于山东省中部，主峰海拔1 545米，气势磅礴，拔地通天。泰山自古以来与中国的其他四座名山——南岳衡山、西岳华山、北岳恒山、中岳嵩山合称“五岳”，泰山有“五岳之首”、“天下第一山”之誉。

自古以来，中国人就崇拜泰山，从秦皇汉武到清代帝王，或封禅，或祭祀，绵延不断，并且在泰山上建庙塑神，刻石题字。孔子云：“登泰山而小天下”。文人雅士更对泰山仰慕备

至，千百年来，纷纷前来游历，作诗记文。

欲登泰山，必先览山下岱庙。岱庙是泰山主庙，金碧辉煌，与北京故宫太和殿、孔子故里曲阜大成殿并称中国古代三大宫殿建筑。殿壁绘有泰山神出巡的巨大壁画，描绘了山神从出发狩猎至满载而归的盛大场面。气势恢宏，神采飞扬。

人们通常把泰山分为“幽、旷、秀、奥、妙”五大游览区：

东路为泰山的“幽”区，从红门至南天门有6 293级石阶，峰回路转，为历代帝王登山封禅的御道，泰山的文物古迹多在此路左右。沿路主要有红门宫、万仙楼、斗母宫、经石峪、中天门、十八盘等胜景。至斗母宫向右，便是有名的经石峪。在面积0.067公顷（一亩）多的石坪上，刻着佛教典籍《金刚经》的部分经文。“十八盘”为泰山著名险道，垂直高达400多米，共有1 600多级石磴，直通南天门，登上南天门，极目远望，天高地远，心旷神怡。

西路为泰山的“旷”区，此区有黑龙潭、长寿桥、扇子崖，山环水绕，景色旷秀。

桃山源为泰山的“秀”区，有翠屏山、笔架山、五峰叠翠山、彩带溪、一线天等，群峰竞秀，溪瀑争流，于泰山雄伟之外，独具江南山水风韵。

后石坞为泰山的“奥”区，景致清而幽。大、小天烛峰宛如两把长剑直刺青天，百丈瀑、天烛瀑飞流直下，声震十里。

泰山之“妙”在岱顶。登上南天门，漫步在天街玉栏石阶，就好像遨游于天府仙界，飘飘欲仙，尽得大自然之奇妙。再经碧霞寺、大观峰，就到了泰山极顶——玉皇顶。在极顶，旭日东升

◆ 泰山

的景象最为动人。

巍巍泰山是古老的，在旧石器时期，泰山周围就有人类活动的踪迹；在新石器时期，泰山孕育了灿烂的大汶口文化和龙山文化。

品味泰山之美

泰山美，体现了中国古代美学范畴的“阳刚之美”和“壮美”。壮美能激励人生，培养进取精神，千百万人登泰山，不仅领略自然之壮美，也能激励自己攀登事业高峰的进取心。

泰山的美是自然景观美和人文景观美的有机结合。泰山从自然到文化以及两者的有机融合，是人类最珍贵的遗产。

黄山

很久很久以前，今天安徽省的南部有三座峻拔的山峰，合称“三天子都”，意思是仙界的通都大邑，即指天帝居住的地方。这三座峰就是今天黄山的天都峰、莲花峰和光明顶三大主峰。

“天下第一奇山”、“魔山”、“人间仙境”等是从古至今人们给予黄山的别名，世人好像从不吝惜用最美好的词语来赞美它的绮丽雄奇

◆ 黄山天都峰

与变幻莫测。事实也的确如此，黄山可谓集众多中国名山胜景于一身，它兼有泰山的雄伟、华山的峻峭、衡山的烟云、庐山的飞瀑、峨眉的清凉、雁荡的巧石；同时又峰峰形似刀削、色同苍玉，并且常年被烟云所缭绕，给人整体的感觉是绝对的“奇、伟、幻、险”。特别值得一提的是，这里的奇松、怪石、云海、温泉历来被视为“天下四绝”，并因其独特奇异而闻名中外。

“四绝”之首当属千姿百态的黄山松。说它奇，一是它形状奇特：生长于此的松不同一般松的、千树一貌，而是形态迥异，很有个性。诸如卧龙松、凤凰松等，其特有的外形招人喜爱，引人遐想。二是地处险要：这里的松多生长于悬崖绝壁的险峰之上，它们差不多是破石而生、傍石而长。为适应环境，这些松针叶短粗，顶平如削，它们干曲枝虬，色泽苍翠似雕。三是长寿：据说黄山松多寿达百年以上，像著名的迎客松、送客松、接引松、连理松等奇美的古松更是寿达千年以上，被排在“十大古松”之列，尤其是玉屏楼前的迎客松，它一臂伸出，似在欢迎远方的宾

◆ 黄山莲花峰

客，如今已成为中华民族热情好客的象征。

黄山有无数灵幻奇巧的怪石，它们与险峰、奇松巧妙结合，构成一幅幅奇妙的画卷。这些鬼斧神工的巧石或似人、似兽，或似禽、似物，它们惟妙惟肖，十分逼真有趣。

变幻莫测的云雾算是黄山的神来之笔，它令黄山更显神秘。每当云雾弥漫群峰，黄山便成为“海”的世界，俗语称之为“云海”。去过黄山的人大都知道，雨后初晴是观云海的最佳时刻。随着云雾的飘忽不定，云海会呈现出不同的气势。轻舞时，黄山更有诗意；涌动时，黄山更显气魄。

◆ 黄山迎客松

流连黄山，许多人只顾忘情于它的天然秀色，而忽略它的文化内涵，其实中华文化在这座名山上有着很深的烙印。古街、古桥、古牌坊、古村落等众多古老建筑群都在此地以其独特的风格和意韵向世人展示着这一地区古文化的迷人风采。全山200多处的摩崖石刻更是令这座以峰林见长的风景名胜平添了不少人文情致。此外黄山的开发还与宗教有着密切的关系，像黄山名称的由来就与道教有关，并且至今在山上依然还留有轩辕峰、容成峰等与道教神仙故事相关的峰名。佛教在南朝刘宋时期也已传入黄山，之后历代修建的寺庵共计近百座，而且其中不少僧众成为能诗善画之人。据统计，从盛唐到晚清，描写黄山的散文有数百幅，歌咏黄山的诗词达2万多首，特别是“黄山画”已成为中国画历史长卷中最辉煌的篇章。

由此可见，黄山美是一种稀世的综合美。

◆ 黄山云海

峨眉山

◆ 峨眉山金顶

峨眉山位于中国四川盆地，主峰为金顶。最高峰万佛顶，海拔3099米。佛教文化历史悠久，内涵丰厚，构成了峨眉山“雄、秀、神、奇”的特色，素有“植物王国”、“地质博物馆”、“佛国仙山”之称，并有“峨眉天下秀”之赞誉。

峨眉山主峰金顶高插云霄，巍然屹立。登临其间，气势雄而景观奇，有云海、日出、佛光、圣灯四大奇观。中部群山峰峦迭翠，风光秀美，在中国名山中实属罕见。

峨眉山的主要景观

◆ 乐山大佛

◆ 峨眉山风光

1.云海梵宫

登上峨眉绝项——万佛顶，回首东望，长空澄碧，云海翻腾，峻峭的金项巍然磊立云端。阳光下，殿宇巍峨、琼阁生晖，宛如一座神奇莫测的梵宫。

2.金顶日出

黎明前，天空墨黑。东方地平线上透出缕缕红霞，一点紫红缓缓升起，由暗到明，蓦地，微微一跃，一轮红日喷薄而出，顷刻，朝霞满天，峨眉山变成金色世界。

3.乐山大佛

世界上最高的弥勒佛库崖石刻造像，背靠凌云山，面对大渡河。远观大佛，山是一尊佛，佛是一座山，将自然山水与文化遗迹有机地融为一体。

4.龙洞涌泉

位于茅河沟附近。泉口直径约4米，泉穴深处难测。每当晴午，泉水汹涌喷射，日光映照水上，喷泉上呈现五彩光环，环随泉而动，艳丽夺目。在过去2 000多年的文明历史中，峨眉山风景区留下了大量的历史文物和珍贵古迹，它是人类的共同财富、世界的珍宝。

佛教文化

雄秀神奇的峨眉山，千百年来以其独具特色的魅力，吸引着无数的信众、香客、文人、学者和僧人前来游山礼佛、赋诗作画，创造了璀璨的峨眉山文化，闻名海内外。公元1世纪中叶，佛教经南丝绸之路由印度传入峨眉山，6世纪中叶，世界佛教发展重心逐步由印度转向中国，四川一度成为中国佛教禅宗的中心，佛寺的兴建便应运而生，历史上寺庙最多时曾多达100多座。

千百年来，峨眉山这个“佛门

圣地”便以“普贤道场”之名，与山西五台山、浙江普陀山、安徽九华山并称为中国佛教四大名山，蜚声中外。峨眉山景区内现存寺庙30多处，佛教文物品类繁多。

作为“佛门圣地”、“天下名山”的峨眉山，千百年来，驰名海内外，除了佛法的宣扬，佛徒信众的礼拜，历来与名人学士、墨客骚人的咏赞、记述和传播有着密切关系。著名诗人李白、苏东坡留下了不少赞美峨眉山的诗篇，至今脍炙人口。郭沫若写下了不少峨眉的诗篇，堪称峨眉诗人，他所书写的“天下名山”题名，已是稀世的珍品。

乐山大佛，位于峨眉山东麓三江汇流处，佛像是8世纪初一座依山凿成的弥勒坐佛造像，建造历时90年，通高71米，坐身高59.56米，为世界最高弥勒石刻大佛。大佛背负九项山，面向三江汇流，刻工线条流畅，比例匀称，庄严肃穆。佛座南北两壁，尚有唐代石刻造像90余座，其中“净土变”龛、“三佛”宝堪称艺术佳品，极具艺术价值。

乐山大佛景区内有秦离堆，汉崖墓，唐代佛、塔、寺，宋代抗元九顶城等古迹，人文景观密集，且与自然景观融为一体，交相辉映。

庐山

◆ 庐山

庐山位于中国第一大河——长江中游南岸、中国第一大淡水湖——鄱阳湖滨，是座独特的地垒式断块山。素以“雄、奇、险、秀”闻名于世，富有独特的庐山文化。

庐山风景名胜区有独特的第四纪冰川遗迹。主峰是大汉阳峰，海拔1 474米。庐山自古命名的山峰有171座，瀑布22处。著名的三叠泉瀑布，落差达155米。庐山温泉早在公元4世纪就是中国著名的温泉之一。庐山生物资源丰富，生态系统完整，许多动植物模式标本便产在这里，山麓还有鄱阳湖候鸟保护区。保护区内发现当代世界上最大的白鹤群以及白枕鹤、白头鹤等。

中国第一部纪传体史书的作者司马迁，曾南登庐山，并将庐山载入《史记》。诗人陶渊明在庐山开创了中国田园诗风。从公元前1世纪至今，谢灵运、李白、白居易、苏轼等近1 500名诗人先后登山，写诗4 000余首，诗碑遍布庐山上下。

◆ 白鹿洞书院

庐山有中国最早的书院——白鹿洞书院。它在公元940年初创，后经朱熹重建扩充，弘扬“理学”，遂为海内书院第一。

◆ 庐山

公元8世纪，茶圣陆羽将庐山谷帘泉评为“天下第一泉”，将招隐泉评为“天下第六泉”。1014年，庐山便有了单孔石拱桥——观音桥，至今完好。公元16世纪后，药物学家李时珍、地理学家徐霞客、开创中国植物志先河的吴其等先后登上庐山进行科学考察。近代地质学家李四光在庐山首先发现和研究第四纪冰川，从而创立中国第四纪冰川学说，并建立了冰川博物馆；中国植物学奠基人之一的胡先骑深入研究庐山植物，建立了中国第一座植物园——庐山植物园。

庐山众多的奇峰怪石、壑谷、瀑泉、岩洞等，形成了奇特瑰丽的山岳景观。云雾频繁，夏季凉爽，是庐山气象的显著特征。

武当山

◆ 武当山

武当山又名太和山，明代皇帝曾封为“大岳”、“玄岳”，位于中国湖北省丹江市西南部，主峰天柱峰海拔1 612米。周围有72峰拱立，24涧环流，灵岩奇洞幽藏其间，白云绿树交相辉映，蔚为壮观。

武当山古建筑群包含有元、明、清三个历史时期的建筑物，建筑体系形成于明代初年。在整个营建过程中汇集全国能工巧匠的精心施工，因而使整个建筑群极具特色。

◆ 天柱峰

武当山古建筑群，始建于唐贞观年间，先后建有五龙祠、太乙庙、延昌庙和威武公新庙。宋徽宗宣和年间建紫云殿、老君庵、仙关台等。元成宗大德八年(1304年)建福地门、天乙真庆宫、玉虚岩庙、雷神洞岩庙、尹仙岩庙等100余栋建筑。明初，朱棣即帝位，年号永乐，采取一系列巩固皇权的措施，利用武当山道教，鼓吹“皇权神授”，为报神恩，人修武当。自永乐十年至二十二年(1412—1424年)，多次下达旨令，策划营建武当山道教官观，派遣工部大臣率军民工匠20万余人，开赴武当山大兴土木，经12年的营建，建成9宫9观、36底、72座岩庙、100多座石桥等共33组道教建筑群。

◆ 武当山紫云殿

◆ 武当山

永乐十四年(1416年)，皇帝下令拨流犯人550户、3 123人送往武当山垦荒，每年交纳斋粮、茶、盐及棉花，供养宫观。令均州驻军专一巡视山场，派役夫洒扫宫观和烧造砖瓦，维修宫观，令湖广布政司定时巡视监督。设宫铸印，守护宫观，封武当山为“太岳太和山”。武当山至此成为皇家庙观。200多年间，明代新皇帝登基都要效法祖制，令钦差前往武当山朝奉，拨款维修宫观，委派内臣负责保护管理。明代中叶，明世宗拨银重修武当，令工部右侍郎会同湖广布政司官员统领军民工匠开赴武当。经一年半努力，共维修、扩建庙房955栋，4万米宫墙，石桥28座，立牌坊封“治世玄岳”，使武当山在明代仍保持以八宫二观为主体的庞大道教建筑群。

武当山古建筑群现存太和宫、南岩宫、紫云宫、遇真宫4座宫殿，玉虚宫、五龙宫2处遗址，以及元和观、复真观和大量庵堂、神祠、岩庙等，共有古建筑200余栋，建筑面积5万平方

米，占地100余万平方米。国务院先后颁布武当山金殿、紫云宫和“治世玄岳”牌坊为全国重点文物保护单位。1994年，武当山古建筑群正式被联合国教科文组织作为文化遗产列入《世界遗产名录》。

◆ 武当山

武当山古建筑群中的主要遗产有太和宫、南岩宫、紫云宫、复真观和“治世玄岳”石坊等。

◆ 武当山

武夷山

武夷山地处中国福建省，总面积99 975平方千米，武夷山于1999年12月被联合国教科文组织列入《世界遗产名录》，成为全人类共同的财富。

碧水清山，九曲风光

◆ 武夷山

武夷山上分布着南方铁杉、小叶黄杨、武夷玉山竹等珍稀植物群落，珍稀植物有银杏、鹅掌楸、银钟树、南方铁杉、观光木、紫茎等。

武夷山的九曲溪水量充沛，水质清澈，全长62.8千米，两岸分布着36奇峰、99岩，所有峰岩如万马奔腾，气势雄伟，千姿百态。优越的气候和生物环境，又为群峰披上了一层绿装，山麓峰巅、岩隙壑嶂都生长着翠绿的植被，造就了“石头上长树”的奇景。

◆ 九曲溪

登武夷山可览碧水清溪，涉水能看奇峰异石，乘一叶古朴的竹筏顺溪而下，可赏奇拔秀伟、千姿百态、争奇斗妍的形象美；可品泉歌鸟鸣、浪击轻舟、篙点褐石、绿树红花的色彩美；可看流水游鱼、浮云飞鸟、艄公游人的动态美；可睹云绕山嶂、雾锁峰腰、雨罩群峰的朦胧美，身临秀色美景，犹如漫步奇幻百出的山水画廊，聆听丰富有变奏的交响乐章，欣赏韵味独特的瑶池歌舞，品味韵律有致的美丽诗篇，如痴如醉，飘飘欲仙。这是武夷山自然景观的精华，堪称世界一绝。

◆ 武夷山天游峰

奇峰秀水

天游峰海拔408米，是一条由北向南延伸的岩脊。每当雨后乍晴、晨曦初露之时，白茫茫的烟云，弥山漫谷；风吹云荡，起伏不定，犹如大海的波涛，汹涌澎湃。站在一览台上望云海，变幻莫测，宛如置身于蓬莱仙境，遨游于天宫琼阁，故名“天游”。在这里还可以观赏到日出、云雾、佛光、夕阳、明月等天游五绝，天游峰上有一涧沿崖壁流下峰底，形成高差约120米的瀑布，称雪花泉。峰上名木古树众多，常绿阔叶林郁郁葱葱。明代著名地理学家徐霞客赞道：“不临溪而能尽九溪之胜，此峰固应第一也。”

到武夷山旅游，有“不坐竹排等于白来”之说，游客乘上古朴的竹筏荡入山光水色之中，如融入神话般的境界，令人心旷神怡。抬头可见山景，俯首可观水色，侧耳能听溪声，伸手能触清波，动中有静，静

◆ 武夷山

中有动，可以说是竹筏水中流，人在画中游。

大红袍景区位于武夷山风景区的中心部位，举世闻名的大红袍生长在九龙窠谷底的悬崖峭壁上。这里叠着一大一小两方盆景式的古茶园，六株古朴苍郁的茶树，挺拔精神、枝繁叶茂。它已有340余年的历史，其成品的色、香、味均在乌龙茶之首，故有“茶中之王”的美誉。

九龙窠两侧悬崖峭壁上，常年不断有岩泉滴落，涓涓细流汇成涧流，涧水流到九龙亭前山谷，涧床落差大，形成泉瀑，瀑下深潭称为九龙潭，三者结合构成奇景，蔚为壮观。

◆ 生长于悬崖峭壁上的大红袍

武夷山风景的精华在九曲溪，溪水碧清，折复绕山，形成“曲曲山回转，峰峰水抱流”的九曲之胜，武夷山中最著名的一些山峰和高插于悬崖峭壁上的神秘悬棺都列在九曲溪边。景区内还有遇林亭、宋代瓷窑遗址、武夷宫等游览景点。

九寨沟

距离四川省成都市400千米的岷山深处，隐藏着一处桃源仙境——九寨沟。那里有重重的山峦和茂密的森林，有彩色的湖泊和奔涌的飞瀑，还有各种鸟类和珍禽……来此的人们无不惊异：自己是不是闯入了一个“神话世界”？

◆ 九寨沟风景

◆ 五色池

在方圆600多平方千米的自然景区内，因居有九个藏族村寨而得名的九寨沟，大约有52%的面积被茂密的原始森林所覆盖。林中夹生的箭竹和各种奇花异草，使举世闻名的大熊猫、金丝猴、白唇鹿等珍稀动物乐于栖息于此。大自然还巧妙地在总长50多千米的主沟内布下了108个奇特的湖泊，由飞瀑、溪流把它们串接在一起，从而使得沟中的任何一景，看似都犹如一幅优美而出色的图画一般。

◆ 九寨沟

人们很小的时候就从神话故事里得知，天上王母娘娘的宫苑内有五彩瑶池，可这有谁见过？然而在九寨沟却能实实在在地见到彩色的湖泊，那便是藏匿于则查洼沟底部的五色池。人们透过森林间隙可见池中有的地方水色蔚蓝，有的浅绿，有的绛黄，有的灰黑，还有的地方呈现好看的粉蓝……如有山风吹过，那更是满湖五彩缤纷，真的恍如五彩瑶池落入人间。

与之相比较，日则沟内的五花海更显壮观。当人们由山上俯视三面环山，会发现其恰似一个倒放的彩色大葫芦向山下倾注着永不止息

◆ 九寨沟瀑布

◆ 九寨沟

的彩色水。十分奇特的是葫芦腹部有一处鹿腿形的图案，长约10多米，整个腿色为浅蓝色，而腿的中间因湖底岩层呈梅花形的一个个陷坑而呈现出墨绿色，远远望去，色调层次分明，自然构成一支梅花腿形。传说这是山神撵山时，一头受惊的梅花鹿不小心丢下的。

九寨沟的瀑布很有特点，以树正群海沟沟

◆ 长海

尾的诺日朗瀑布为例，它是透过树丛缝隙而溢漫出来的。人们可见在那约百米宽的瀑布顶端，齐崭崭地长着一排水柳，枝叶攀搭，组成一堵绿色的墙。绿墙下端的树干间隔有序，宛如一把长梳的梳齿，昼夜不停地梳理着经久不息的流水……

◆ 九寨沟

沿则查洼沟上行，在接近沟顶时可见一苍茫的大湖，这便是九寨沟的群海之冠，坐落于海拔3 000米之上的长海,夏日里在长海荡舟十分惬意，而春秋两季，水中的世界，不是倒映出白花簇拥的雪山，就是雪山衬映下的枫叶，使人一时难以分辨究竟是冬日春景，还是秋景冬日。隆冬时，长海便成了一个硕大的冰湖。

置身九寨沟，如梦如幻。不论你仰望、俯视，还是左顾、右盼，迎接你的可谓无处不是美景。以至许多观光者感叹：人在沟里走，如同画中行。

九寨沟是一个以高原湖泊众多、瀑布宏伟壮观、植物景观奇妙著称的美丽的名胜；是一个不见纤尘、自然纯净的“童话世界”，那里还生活着大熊猫等多种珍禽异兽。1992年，被联合国教科文组织纳入《世界自然文化遗产名录》。

黄龙

碧水走黄龙

黄龙名胜风景区，位于四川省西北部，是由众多雪峰和中国最东边的冰川组成的山谷。这里平均海拔3 100米，年平均气温5摄氏度，这里有高山景观和各种不同的森林生态系，以及壮观的石灰岩构造、瀑布和温泉。最高峰——岷山主峰雪宝峰，海拔5 588米，终年积雪，是中国存有现代冰川的最东点。这一地区还生存着许多濒临灭绝的动物，包括大熊猫和四川疣鼻金丝猴。其中以“黄龙四绝”闻名于世：五彩缤纷的彩

◆ 黄龙

◆ 色彩纷呈的五彩池

池、白雪皑皑的雪山、蜿蜒曲折的峡谷和神秘幽静的原始森林，享有“世界奇观”、“人间瑶池”的美誉。

黄龙由主要区黄龙沟、牟尼沟、丹云峡、龙滴水、雪宝鼎、雪山梁、红星岩、钻字牌八部分组成。已被开发的是黄龙沟和牟尼沟两景区。黄龙沟是长3 600米宽30～170米的浅黄色巨型地表钙华坡谷，宛如一条金色的巨龙，蜿蜒于林海与雪山间，构成奇、峻、雄、野的特点，堪称“中国一绝”。其钙华景观不仅规模宏大，环境原始，而且类型繁

◆ 黄龙沟秋色

多齐全，可称做罕见的世界天然钙华博物馆。黄龙沟分布钙华段长3 600米，最长的钙华滩长1 300米，最宽10米。钙华彩池多达3 400个，堪称中国之最。牟尼沟由扎嘎沟和二道海沟组成，以原始森林、高山湖泊、温泉和钙华达瀑布为主要特点，风景旖旎，富有高原风情。

◆ 牟尼沟

黄龙之美，最美在水景，数千彩池，缤纷灿烂，绚丽多姿。人们一进山谷，只见高峰连绵，浓荫蔽山，层层池水，众彩纷呈，即被这大自然的美好风光所迷。在众多的彩池中，以南部的洗花

◆ 黄龙

池、盆景池等最具特色，被称为“黄龙八大景观”。

黄龙名胜风景区还有珍贵的动植物资源，高等植物1 500种，多为中国特有的，属国家一至三类保护的有11种；珍稀动物有大熊猫、金丝猴、牛羚、云豹等一至三类国家保护动物。

黄龙以彩池、雪山、峡谷、森林“四绝”著称于世。巨型的地表钙华坡谷，蜿蜒于天然林海和石山冰峰之间，宛若金色“巨龙”腾游天地。自然景观犷中有精，静中有动，雄中有秀，野中有文，构成奇、峻、雄、野的景观特点，享有“世界奇观”、“人间瑶池”之誉。

黄龙独特的生态环境，是大熊猫等野生动物理想的栖息之地，加之山脉河流走向，有利于南方动物向北向高处分布，成为南北动物交汇与某些动物的保存中心。区内野生动物有兽类59种，

鸟类155种，爬行类5种，两栖类5种，鱼类2种。1992年，黄龙正式被联合国教科文组织作为自然遗产列入《世界遗产名录》。

◆ 黄龙

黄龙风景的特征

黄龙以规模宏大、类型繁多、结构奇巧、色彩丰艳的地表钙华景观为主景，在中国风景名胜区中独树一帜，成为中国一绝。黄龙是以绚丽的高原风光和特异

◆ 黄龙

的民族风情为综合景观的基调，高山摩天、峡谷纵横、莽林苍苍、碧水荡荡，其间镶嵌着精巧的池、湖、滩、瀑、泉、洞等各类钙华景观，点缀着神秘的寨、寺、耕、牧、歌、舞等各族乡土风情。它们景类齐全、景形特异，但又组合有机，整体和谐，在高原特有的蓝天白云、艳阳骤雨和晨昏季相的烘染下，呈现出一派时时处处皆景、动态神奇无穷的天然画境。号称“人间瑶池”的主景区黄龙沟，似中国人心目中“龙”的形象，因而历来被喻为“人间瑶池”、“中华象征”。

◆ 黄龙

武陵源

武陵源风景名胜区位于湖南省张家界市，区内最高峰为兔儿望月峰，海拔1 264.5米；境内的沟谷，以金鞭溪最为著名。峰顶多为三面悬崖深谷的台地，常为山民安居扎寨之处，最为有名的是黄石寨、鹰窝寨、锣鼓寨、躲官寨等。

武陵源风景名胜区由张家界国家森林公园、索溪峪和天子山三大景区组成。主要景观为石英砂岩峰林地貌，境内共有3 103座奇峰，姿态

◆ 武陵源

万千，蔚为壮观。武陵源以奇峰、怪石、幽谷、秀水、溶洞“五绝”而闻名于世。

武陵源蕴藏着众多的古老珍贵植物和中国特有植物资源。森林覆盖率达88%。高等植物有3 000余种，陆生脊椎动物有116种。

1988年，国务院审定武陵源为国家重点风景名胜区，1992年，武陵源正式被联合国教科文组织作为自然遗产列入《世界遗产名录》。

武陵源物种丰富，特别是这里地形复杂，坡陡沟

◆ 武陵源

深，加上气候温和，雨量丰富，森林发育茂盛，给众多物种的生存和繁衍提供了良好的环境条件。加之武陵源交通不便，人口稀少，受人为干扰较少，从而保存了丰富的生物资源，成为我国众多孑遗植物和珍稀动植物集中分布地区。

植物资源十分丰富

在众多的植物中，武陵松分布最广，数量最多，形态最奇，有“武陵源里三千峰，峰有十万八千松”之誉。古树是自然遗产中的“活文物”。武陵源的古树名木具有古、大、珍、奇、多的特点。神堂湾、黑枞脑保存有完好的原始森林。张家界村一株银杏古树高达44米，胸径为1.59米，被称为自然遗产中的活化石。生长于腰子寨的珙桐，是国家一级保护珍贵树木。这些植物种质资源，有着极高的科研价值，它们的生存环境、林相结构及其保护、保存等都是重大的研究课题。

◆ 武陵源风光

◆ 武陵源

宝贵的野生珍稀动物

武陵源动物世界中，较多的是猕猴，据初步统计，为300只以上。当地人叫做“娃娃鱼”的大鲵，则遍见于溪流、泉、潭中。

珍奇的地质遗迹景观

武陵源回音壁上泥盆系地层中砂纹和跳鱼潭边岩画上的波痕，是不可多得的地质遗迹，不仅可供参观，而且是研究古环境和海陆变迁的证据。分布在天子山二叠系地层中的珊瑚化石，形如龟背花纹，故称“龟纹石”，是雕塑各种工艺品的上好材料。

多姿多彩的气候景观

◆ 武陵源

武陵源的春、夏、秋、冬，阴、晴、朝、暮，气候万千。云雾是武陵源最多见的气象奇观，有云雾、云海、云涛、云瀑和云彩五种形态。雨后初霁，先是朦胧大雾，继而化为白云，缥缈沉浮，群峰在无边无际的云海中时隐时现，如蓬莱仙岛，玉宇琼楼，置身其间，飘

◆ 武陵源

飘欲仙，有时云海涨过峰顶，然后以铺天盖地之势，飞滚直泻，化为云瀑，蔚为壮观。每当晴天的清晨，一轮红日在朵朵红云的陪衬下，从奇山异峰中冉冉升起；傍晚，伴着五彩云霞徐徐下降，那林立的峰石，在云霞的沐浴下，更显韵姿绰约，分外迷人。当月明星稀，万籁俱寂之时，峰林在皎洁的月光下，披上层层雾纱，洋溢着幽奇、神秘之感。冬日雪后，层层山峦，座座石峰，银装素裹，冰帘垂挂，玉叶琼枝，玲珑剔透，变成童话中的水晶世界。

◆ 武陵源

三江并流

“三江并流”自然景观位于云南省西北部，青藏高原南延部分的横断山脉纵谷地区，由怒江、澜沧江、金沙江及其流域内的山脉组成。它地处东亚、南亚和青藏高原三大地理区域的交汇处，是世界上罕见的高山地貌及其演化的代表地区，也是世界上生物物种最丰富的地区之一。

同时，该地区还是16个民族的聚居地，是世界上罕见的多民族、多语言、多种宗教信仰和风俗习惯并存的地区。

◆ 三江并流风景

三江并流风景

三江并流风景名胜区分布于云南丽江地区、迪庆藏族自治州、怒江栗僳族自治州行政区，整个区域面积34 000多平方千米，是大陆面积最大的国家重点风景名胜区，即将申报为世界遗产的是其中170万公顷的区域。区域内有77种大陆国家级保护动物和4种国家级保护植物。

◆ 三江并流风景

在地质方面，三江并流地区是反映地球演化重大事件的关键地区，也是各种高山地貌及其演化的代表性地区；在动植物、生物多样性方面，三江并流地区是世界上生物多样性最丰富的地区之一；该地区几乎汇聚北半球各类自然景观；三江并流地区是保持生物多样性的自然栖息地和濒危物种的栖息地，是世界著名的动、植物标本模式产地之一。

◆ 玉龙雪山

◆ 怒江大峡谷

壮丽景观

青藏高原南延至滇西北横断山脉纵谷之中，并行着三条永不干涸奔腾的大江——金沙江、澜沧江、怒江。三条大江从青藏高原的唐古拉山奔涌而出，进入滇西北，三江并靠在横断山脉的高山深谷中奔流穿行400千米，最近处直线距离仅66千米，形成了奇特的“三江并流”的壮丽景观。

“三江”由东至西江面海拔逐次降低，谷底三江滔滔，奔涌不息；山顶坝区又镶嵌着许多秀丽的高原湖泊。其间还有不少温泉群。这里的山雄，崇山峻岭、逶迤磅礴，雪峰层出，银光四射。玉龙雪山高5 596米，被当地人称为“宝

◆ 三江并流

鼎”。这里山峰高大陡峭，形成鲜明的立体气候和植被，谷底炎热，果木葱郁；山坡温凉，花俏草碧，而山顶严寒，冰天雪地。

三江并流地段，多系水流湍急的大峡谷。有的地方两岸山崖壁立，怪石峥峰，看天一缝。有的断崖突现，瀑跌高坎，水花迸溅，风驰电掣般夺路而去。有的礁石密布，险滩相连，石怪水怒，险象环生。由于水流年复一年的切割，峡谷越来越深。虎跳峡，现已成为世界上最深的峡谷。

在这块土地上生活着傈僳族、怒族、独龙族、纳西族、普米族等10多个民族，各民族都有自己独特古老的文化、风俗、节日，以及绚丽多彩的服饰、饮食、建筑，蕴藏着丰富的民族文化旅游资源。

◆ 三江并流

二、历史名城遗产

以孔府、孔庙、孔林为代表的山东曲阜

◆ 孔子

在山东省的西南部，有一个孔姓人口占1/5的县级市，她就是有着5 000多年悠久历史的“东方圣城”——曲阜。“千年礼乐归东鲁，万古衣冠拜素王”。曲阜之所以享誉全球，是与孔子的名字紧密相连的。孔子是世界上最伟大的哲学家之一，中国儒家学派的创始人。在2 000多年漫长的历史长河中，儒家文化逐渐成为中国的正统文化，并影响到东亚和东南亚各国，成为整个东方文化的基石。

曲阜的孔府、孔庙、孔林，统称“三孔”，是中国历代纪念孔子，推崇儒学的表征，以丰厚的文化积淀、悠久的历史、宏大的规模、丰富的文物珍藏，以及科学

艺术价值而著称。因其在中国历史和世界东方文化中的显著地位，联合国教科文组织于1994年12月将其列入《世界遗产名录》，使其成为世界文化遗产，被世人尊崇为世界三大圣城之一。

孔府

孔府是孔子世袭“衍圣公”的世代嫡裔子孙居住的地方，是我国仅次于明、清皇帝宫室的最大府第。现在，孔府占地16.08公顷（240多亩），有厅、堂、楼、轩等各式建筑463间，分为中、东、西3路。东路为家庙，西路为学院，中路为主体建筑。中路以内宅为界，前为官衙，后为内宅。最后是孔府的花园，是历代衍圣公及其家

◆ 孔府

属的游赏之所。

大堂是衍圣公的公堂，内有八宝暖阁、虎皮大圈椅、红漆公案，公案上有公府大印、令旗令箭、惊堂木、文房四宝等。两侧是仪仗，气象森严可畏。七十二代衍圣公孔令贻的住宅和房内陈设现在依然保存完整。府内所藏历史文物十分丰富。其中最著名的是“商周十器”，亦称“十供”，原为宫廷所藏青铜礼器，清高宗于乾隆三十六年（1771年）璃赐孔府。

孔府

孔庙

孔庙建筑规模宏大、雄伟壮丽、金碧辉煌，为我国最大的祭孔要地。孔子死后第二年（公元前478年），鲁哀公将其故宅改建为庙。此后历代帝王不断加封孔子，扩建庙宇，到清代，雍正下令大修，扩建成现代的规模。庙内共有九进院落，有殿、堂、坛、阁460多间，门坊54座，“御碑亭”13座。

◆ 孔府

◆ 大成殿

◆ 杏坛

孔庙内的圣迹殿、十三碑亭及大成殿东西两庑，陈列着大量碑碣石刻，特别是这里保存的汉碑，在全国是数量最多的，历代碑刻亦不乏珍品，其碑刻之多仅次于西安碑林，所以它有“中国第二碑林“之称。

大成殿是孔庙的正殿，也是孔庙的核心。唐代时称文宣王殿，共有五间。宋天禧五年（1102年）大修时，移今址并扩为七间。清雍正二年（1724年）重建，九脊重檐，黄瓦覆顶，雕梁画栋，八斗藻井饰以金龙和玺彩图，双重飞檐正中竖匾上刻清雍正皇帝御书“大成殿”三个贴金大字。大成殿是中国三大古殿之一。

杏坛位于大成殿前甬道正中，传为孔子讲学之处，坛旁有一株古桧，称“先师手植桧”。杏坛周围朱栏，四面歇山，亭内其中还有清乾隆“杏坛赞”御碑。亭前的石香炉，高约1米，形制古朴，为金代遗物。

孔林

◆ 孔林

孔林是孔子及其家族的专用墓地、也是目前世界上延时最久、面积最大的氏族墓地。从子贡为孔子墓植树起，孔林内古树已达万余株。自汉代以后，历代统治者对孔林重修、增修过13次，以至形成现在的规模，总面积约2平方千米，周围林墙5.6千米，墙高3米多，厚1米。郭沫若曾说："这是一个很好的自然博物馆，也是孔氏家族的一部编年史"。孔林对于研究中国历代政治、经济、文化的发展以及丧葬风俗的演变也有着不可替代的作用。

◆ 孔林

丽江古城

城依水存，水随城在

丽江纳西族自治县位于中国云南省西北部，这里居住着纳西、傈僳、普米、汉、白、彝、藏等十多个民族。其中，纳西族占总人口的57%。

丽江古城坐落在玉龙山下一块海拔2 400米的高原台地上，在一条东西主轴线上，排列着石牌坊、丹池、大殿、配殿、光碧楼、玉音楼等建筑物。明代大

◆ 丽江

旅行家徐霞客曾惊叹曰：“宫室之丽，拟于王者”。城北为商业区，以四方街为中心，四条干道呈经络状向四周延伸，临街均设商业铺面。城东为旧时的官府衙所在地，现存文明坊、文庙、武庙。

◆ 丽江

“城依水存，水随城在”是丽江大研古城的一大特色。位于城北的黑龙潭为古城主要水源。潭水由北向南蜿蜒而下，至双石桥处被分为东、中、西三条支流，各支流再分为无数细流，入墙绕户，穿场走苑，形成主街傍河、小巷临水、跨水筑楼的景象。水网之上，造型各异的石桥、木桥多达354座。

丽江民居极富民族特色，平面布局有三坊一照壁、四合五天井、前后院、一进多院等多种形式。房屋就地势高低而建筑，以两层居多，也有三层，适用且美观。

纳西族拥有悠久丰富的传统文化，名闻遐迩的东巴文化、纳西古乐、白沙壁画等便

是其重要的内涵。

作为中国历史文化名城，丽江大研古城集中体现了纳西族独特的人居环境、地方历史文化和民族民俗风情。丽江古城作为文化遗产于1997年被联合国教科文组织批准列入世界遗产名录。

文化瑰宝

丽江古城历史悠久，古朴自然，兼有水乡之容、山城之貌，它作为有悠久历史的少数民族城市，从城市总体布局到工程、建筑融汉、白、彝、

◆ 丽江民居

藏各民族精华，并且具有纳西族的独特风采。

丽江古城的建筑有别于中国任何一座王城，丽江古城未受“方九里，旁三门，国中九经九纬，经途九轨”的中原建城复制影响。城中无规矩的道路网，无森严的城墙，古城布局中的三山为屏、一川相连；水系利用中的三河穿城、家家流水；街道布局中“经络”设置和“曲、幽、窄、达”的风格；建筑物的依山就水、错落有致的设计艺术在中国现存古城中是极为罕见的，是纳西族先民根据民族传统和环境再创造的结果。

◆ 丽江民居

古城瓦屋，鳞次栉比，四周苍翠的青山，把紧连成片的古城紧紧环抱。城中民居朴实生动的造型、精美雅致的装饰是纳西族文化与技术的结晶。古城所包含的艺术来源于纳西人民对生活的深刻理解，体现人民群众的聪明智慧。

不论是古城的街道、广场牌坊、水系、桥梁还是民居装

饰、庭院小品、槛联匾额、碑刻条石，无不渗透纳西人的文化修养和审美情趣，无不充分体现地方民族宗教、美学、文学等多方面的文化内涵、意境和神韵，展现历史文化的深厚和丰富内容。尤其是具有丰富内涵的东巴文化、白沙壁画等传统文化艺术更是为人类文明史留下了灿烂的篇章。

◆ 丽江古城

平遥古城

历史博物馆

位于山西的平遥古城，是一座具有2 700多年历史的文化名城，是中国目前保存最为完整的四座古城之一，也是目前我国唯一以整座古城申报世界文化遗产获得成功的古县城。

平遥旧称“古陶”，明朝初年，为防御外族南扰，始建城墙，以后各代进行过10次补修和修葺，更新城楼，增设敌台。平遥城墙墙高约12米，把平遥县城隔为两个风格迥异的世界。城墙以内街道、铺面、市楼保留明清形制；城墙以外称新城。这是一座古代与现代建筑各成一体、交相辉映、令人遐思不已的佳地。

◆ 平遥古城

◆ 平遥古城

平遥古城始建于公元前827年至前782年间的周宣王时期，历尽沧桑、几经变迁，成为国内现存最完整的一座明清时期中国古代县城的原型。现在看到的古城，是山西也是中国现存历史较早、规模最大的一座县城城墙。

平遥古城历史悠久，文物古迹众多。它完整地体现了17至19世纪的历史面貌，为明清建筑艺术的历史博物馆。

◆ 平遥古城墙

古城的特色

到过平遥的人说："走进平遥，就如同走进一座大型的历史博物馆。"人称平遥有三宝，砌成的古城墙便是其一。这座周长约6千米的古城墙，有3 000个垛口、72座敌楼，据说这象征孔子3 000弟子及72贤人。

此外，清朝后期，在古城东南角还曾修建了一座象征古城文运昌盛的魁星阁，由此可见以孔子为代表的儒家思想影响之深远。

◆ 平遥镇国寺

平遥古城是一座完全按照中国汉民族传统城市规划思想和布局程式修建的县城。在封闭的城池里，以市楼为中心，有四条大街、八条小街及七十二条小巷经纬交织在一起，它们功能分明，布局井井有条。城内古居民宅全是清一色青砖灰瓦的四合院，轴线明确，左右对称，特别是砖砌窑洞式的民宅更是具有很浓的乡土气息。全城现存四合院民居有400余处

保存相当完好。此外，城池内还建有一些大小庙宇，老式铺面亦是鳞次栉比，这些古色古香的建筑原汁原味地勾勒出明、清时期市井繁华的风貌。

出古城北门向东北有镇国寺，它是古城的第二宝，殿内的五代彩塑是不可多得的雕塑艺

术珍品。

古城的第三宝是位于城西南方向的双林寺。在该寺的10余座大殿内有元代至明代的彩色泥塑2 000多尊，被人们誉为“彩塑艺术的宝库”。事实上古城之宝不胜枚举。

◆ 双林寺内雕像

说平遥就不能不说“晋商”和“票号”，因为这里是“晋商”的发源地之一，同时也是中国第一家现代银行的雏形——“日升昌”票号的诞生地。道光四年（1824年），平遥西大街上创办了中国第一家专营汇兑、兼营存放银业务的“日升昌”票

◆ 日升昌票号

号。在“日升昌”票号的带动下，平遥的票号业发展迅猛，鼎盛时期这里的票号竟多达22家，一度成为中国金融业的中心。可见，在中国近代金融史上，平遥占有很重要的地位。

古老的平遥是辉煌的，今天的平遥依然充满了魅力。平遥古城在中国历史的发展中为人们展示了一幅非同寻常的文化、社会、经济及宗教发展的完整画卷。

古典园林苏州

苏州

走近苏州市，顿时映入眼帘的是那壮丽的古城墙、巍巍的水陆城门、高耸云端的古塔，给人以古朴静谧的梦幻之感。

苏州古城，被称为江南“鱼米之乡”，源出于水乡泽国和它的历史文化。苏州古称平江，又称姑苏，位于江苏省东南太湖之滨，长江三角洲中部，是中国著名的

◆ 苏州园林

历史文化名城。公元前514年，吴王阖闾命大臣伍子胥在此筑城建都，迄今已有2 500余年的历史。古代的苏州，商贾云集，车船如流，满城罗绮，一片繁华景象。而今，沿袭历史的步伐，古城依旧，水陆平行，河街相邻，临河人家鳞次栉比。徜徉小巷深处，街坊居家的欢

◆ 苏州园林

◆ 拙政园荷花

笑声、商贩的叫卖声，着实令人陶醉，呈现眼前的是一派江南特有的风土人情。如今的苏州是古老的历史与生动的现时交相辉映。

苏州，除给人留下古城风貌以及小桥流水人家的深刻印象，更叫人难以忘怀的是那里的古典园林之美，前人有“江南园林甲天下，苏州园林甲江南”之美誉。

苏州古典园林的历史可上溯至公元前6世纪春秋时吴王的园囿，私家园林最早见于记载的是东晋（4世纪）的辟疆园。历代造园兴盛，名园日多。明清时期，苏州成为中国最繁华的地区，私家园林遍布古城内外，16—18世纪全盛时期苏州园林达200余处，因此，苏州又有“人间天堂”的美称。

苏州园林，现存完好的尚有数十处，其中较有

影响的当属拙政园，留园、网师园、环秀山庄等等。这些园林以其意境深远、构思精巧、艺术高雅、文化内涵丰富而成为众多园林的代表。

拙政园为明代御使王献臣的私宅，是一座大观园式的园林，久有“不出郛廓，旷若郊野”的美评，其艺术风格疏朗而自然，全园布局虽以池水为中心，但有桥梁通其脉络，有长廊逶迤填其空虚，有岛屿土山顾盼；留园的

◆ 留园

◆ 苏州园林

风格与拙政园的平淡疏朗恰成对照，布局严谨紧密，装饰精巧别致，门户重叠，变化多端，历来有“浓淡相宜数留园”的佳评。

苏州园林处处蕴藏着丰富的文化内涵，表现在园林中的厅堂命名、匾额、楹联、书条石、雕刻、装饰、以及花木寓意、叠石寄情等，它们不仅起到点缀美化园林作用，还储存了大量历史、文化信息。园中汇集保存完好的中国历代书法名家的手迹，既是珍贵的艺术品，又具有极高的文物价值。

拙政园、留园、网师园、环秀山庄四座园林，产生于苏州园

◆ 苏州园林

◆ 苏州园林

林的鼎盛时期，充分体现了中国造园艺术的民族特色和水平。这四座园林占地面积不广，但巧妙地运用了各种造园艺术技巧和手法，将亭台楼阁、泉石花木组合在一起，模拟自然风光，创造了“城市山林”、“居闹市而近自然”的理想空间。在美化居住环境，融建筑美、自然美、人文美为一体等方面达到了历史的高度，在中国乃至世界园林艺术发展史上具有不可替代的地位。

三、历史奇迹遗产

长城

举世无双的奇迹

长城是中国也是世界上修建时间最长、工程量最大的一项古代防御工程。自公元前七八世纪开始，延续不断修筑了2 000多年，分布于中国北部和中部的广大土地上，总计长度达50 000多千米，被称为“上下两千多年，纵横十万余里”。如此浩大的工程在世界上是绝无仅有的，因而在几百年前就被列为古今世界七大奇迹之一。

◆ 八达岭长城

浩瀚的修筑历史

长城修筑的历史可上溯到公元前9世纪的西周时期，周王朝为了防御北方游牧民族的袭击。曾筑连续排列的城堡“列城”以作防御。到了公元前七八世纪，春秋战国时期列国诸侯为了相互争霸，互相防守，根据各自的防守需要，在自己的边境上修筑起长城，最早建筑的是公元前7世纪的楚长城，其后齐、韩、魏、赵、燕、秦、中山等大小诸侯国家都相继修筑长城以自卫。

◆ 长城

公元前221年，秦始皇吞灭了六国诸侯，统一了天下，结束了春秋战国纷争的局面，完成了中国历史上第一个封建集权统一国家的大业。为了巩固统一帝国的安全和生产的安定，防御北方强大匈奴游牧民族奴隶主的侵扰，便大修长城，“西起临洮，东止辽东，蜿蜒一万余里”，从此便有了“万里长城”的称号。自秦始皇以后，凡是统治着中原地区的朝代，几乎都要修筑长城。

长城作为防御工程体系

绵延万里的长城是由城墙、敌楼、关城、墩堡、营城、卫所、镇城烽火台等多种防御工事所组成的一个完整的防御工程体系。这一防御工程体系，由各级军事指挥系统层层指挥、节节控制。

◆ 万里长城的城墙

长城作为防御工程建筑

1. 长城的城墙

长城的城墙建于高山峻岭或平

原险阻之处，根据地形和防御功能的需要而修建，凡在平原或要隘之处修筑得十分高大坚固，而在高山险处则较为低矮狭窄，以节约人力和费用。在城墙顶上，内侧设宇墙，高一米余，以防巡逻士兵跌落，外侧一面设垛口墙，高2米左右，垛口墙的上部设有望口，下部有射洞和擂石孔，以观看敌情和射击、滚放擂石。有的重要城墙顶上，还建有层层障墙，以抵抗万一登上城墙的敌人。

◆ 黄崖关长城

2.关城

关城是万里长城防线上最为集中的防御据点。关城设置的位置至关重要，均是选择在有利防守的地形之处，以收到以极少的兵力抵御强大的入侵者的效果，古称“一夫当关，万夫莫开”，生动地说明了关城的重要性。长城沿线的关城有大有小，

◆ 山海关

数量很多。就以明长城的关城来说，大大小小有近千处之多，著名的如山海关、黄崖关、居庸关、紫荆关、倒马关、平型关、雁门关、偏关、嘉峪关以及汉代的阳关、玉门关等。

3.烽火台

烽火台是万里长城防御工程中最为重要的组成部分之一。它的作用是传递军情。烽火台这种传递信息的工具很早就有了，长城一开始修筑的时候就很好地利用了它而且逐步加以完善，成了古代传递军情的一种最好的方法。传递的方法是白天燃烟，夜间举火，因白天阳光很强，火光不易见到，夜间火光很远就能看见。这是一种传递信息很科学又很迅速的方法。为了报告敌兵来犯的多少，采用了以燃

◆ 烽火台遗址

烟、举火数目的多少来加以区别。到了明朝还在燃烟、举火数目的同时加放炮声，以增强报警的效果，使军情传递顷刻千里。烽火台要布置在高山险处或是峰回路转的地方，而且必须是要三个台都能相互望见，以便于看见和传递。烽火台在汉代曾经有过亭、亭隧、烽燧等名称，明代称做烟墩。它除了传递军情之外，还为来往使节保护安全，提供食宿、供应马匹粮草等服务。

长城是人类历史的奇迹

在万里长城身上，蕴藏了中华民族2 000多年光辉灿烂的文化艺术内涵，除了城墙、关城、镇城、烽火台等本身的建筑布局、造型、雕饰、绘画等建筑艺术之外，还有诗词歌赋、民间文学、戏曲说唱等。古往今来不知有多少帝王将相、戍边士卒、骚人墨客、诗词名家为长城留下了不朽的篇章。边塞诗词已成了古典文学中的重要流派。孟姜女送寒衣的歌词至今还广泛传唱着。万里长城既是具有丰富文化内涵的文化遗产，又是独具特色的自然景观。古塞雄关存旧迹，九州形胜壮山河，巍巍万里长城将与神州大地长存，将与世界文明永在。

◆ 壁垒森严

秦始皇陵兵马俑

豪华的地下宫殿

秦始皇陵位于西安市临潼县。据史书记载：秦始皇嬴政从13岁即位时就开始营建陵园，修筑时间长达38年，工程之浩大，气魄之宏伟，创历代封建统治者奢侈厚葬之先例。修陵园所用的大量石料全靠人力运送，工程十分艰难。

◆ 兵马俑

秦始皇陵土陵冢筑有内外两重夯土城垣，象征都城的皇城和宫城。秦始皇兵马俑坑是秦始皇陵的陪葬坑，是世界最大的地下军事博物馆。俑坑布局合理，

◆ 秦始皇陵铜马车

结构奇特，在一号坑中已发掘出大批战车战马和实战用的青铜兵器和铁器。俑坑东端有210个与人等高的陶武士俑，个个栩栩如生、形态逼真，排成3列横队，每列70人，这支队伍阵容齐整，装备完备，威风凛凛，气壮山河。

1961年，中华人民共和国国务院将秦始皇陵定为全国文物重点保护单位。1987年，秦始皇陵及兵马俑坑被联合国教科文组织批准列入《世界遗产名录》。秦始皇陵是世界上规模最大、结构最奇特、内涵最丰富的帝王陵墓之一，实际上它是一座豪华的地下宫殿。

◆ 兵马俑

世界第八个奇迹

◆ 兵马俑

秦俑坑的发现，不仅是我国，而且也是世界考古史上的一次重大发现，可以说是世界第八个奇迹，它可以同埃及金字塔和古希腊雕塑相媲美，被公认为世界人类文化的宝贵财富。

秦兵马俑，无论在数量上、质量上，还是在考古发现上，都是世界上所罕见，它对于深入研究公元前 2 世纪秦代的军事、政治、经济、文化、科学和艺术等提供了极为珍贵的实物材料。它

◆ 兵马俑

既是中国人民的艺术珍品，又是世界人民的共同文化遗产。

古代泥塑艺术的宝库

秦始皇兵马俑是以现实生活为题材而塑造的，艺术手法细腻、明快，手势、脸部表情神态各异，具有鲜明的个性和强烈的时代特征，显示出泥塑艺术的顶峰，为中华民族灿烂的文化增添光彩，给世界艺术史补充了光辉的一页。

◆ 兵马俑

周口店北京人遗址

悠远的北京猿人

周口店北京人遗址位于北京市西南，处于山区和平原接壤部位。周口店附近有很多大小不等的天然山洞，成为埋藏“龙骨”的仓库，该山故名龙骨山。山上有一个天然洞穴，是北京猿人栖息的地方，他们先后在洞穴里群居了40多万年，遗留下他们吃剩的残余食物和用过的器具，还有他们的遗骸。

◆ 周口店北京猿人遗址

震惊中外的发现

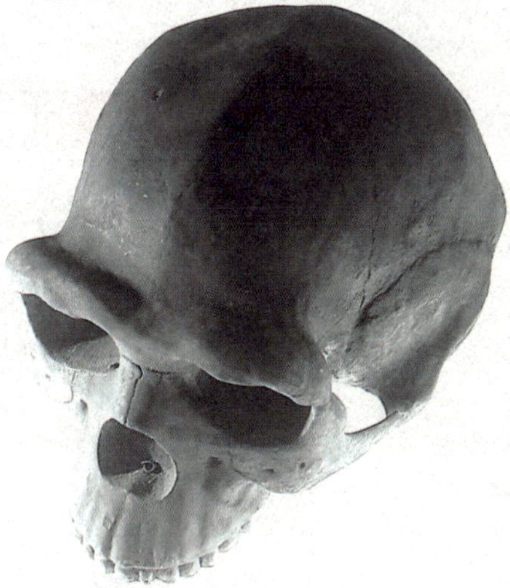

◆ 北京人头盖骨

早先的两次发掘，发现了不少哺乳动物的化石，特别重要的是在这些化石中有两颗人的牙齿，它是北京猿人遗骨的最初发现。后来又经多次大规模发掘，出土的全部北京人化石有6件较完整的头盖骨、12件残破面骨、15件下颌骨、157颗牙齿和十几件残肢骨、体骨。这些化石代表40多个男女老幼尸体。周口店即以中国猿人之家闻名于世。根据发掘的地点，科学家们把这种原始人类定名为北京猿人，把这座洞穴称之为“北京人遗址”。

◆ 周口店北京人

在北京猿人的遗址上方，靠近山顶的洞穴中，是山顶洞人的遗址，在这里发现了3个成年男女完整的头盖骨和残骨。洞内还发现山顶洞人用过的骨针、穿孔的骨坠、鱼骨、牙饰、石珠串联而成的“项链”，这些足以证明，他们已学会缝制兽皮衣服御寒，懂得装扮自己，反映出山顶洞人原始艺术的萌芽。

北京猿人生活在距今50万年前到20万年前之间，是属于从古猿进化到智人的中间环节的原始人类，这一发现在生物学、历史学和人类发展史的研究上有着极其重要的价值。

1.揭开人类历史的序幕

早在旧石器时代的初期，北京猿人已懂得选取岩石，制作石器，用它作为武器或原始的生产工具，在与大自然进行斗争中改造自己，表明北京猿人已经学会使用原始的工具从事劳动，这是人和猿的根本区别。

2.把人类用火的历史又提前了若干万年

在北京猿人居住过的洞穴里，发现厚度达4～6米、色彩鲜艳的灰烬，表明北京猿人已懂得使用火、支配火、学会保存火种的方法，这是人类由动物界跨入文明世界的重要标志。

3.为研究北京生态环境变迁史提供依据

对北京猿人及其周围自然环境的研究表明，50万年前北京的地质地貌与现在基本相似，在丘陵山地上分布有茂密的森林群落，其中栖息着种类丰富的动物种群。但也曾出现过面积广阔的

◆ 周口店北京人

草原和沙漠，其中有鸵鸟和骆驼栖息的遗迹，表明在这段漫长的岁月里，北京曾出现过温暖湿润和寒冷干燥的气候状况。北京人及其文化的发现与研究，解决了19世纪发现人以来，困扰科学界近半个世纪的"直立人"究竟是猿还是人的问题。事实表明，在人类历史的黎明时代，从体质形态，文化性质到社会组织等方面，的确有过"直立人"阶段，他们是"南猿"的后代，也是以后出现的"智人"的祖先。"直立人"处于从猿到人进化序列中重要的中间环节。"直立人"的典型形态是以周口店北京人为准则，周口店遗址是世界同期古人类遗址中材料最丰富、最系统、最有价值的一个。周口店遗址是当之无愧的人类远古文化的宝库。

◆ 周口店北京人遗址

青城山和都江堰

简介

青城山

青城山在都江堰城西南15千米处。它背靠千里岷山，俯临成都平原，层峦叠嶂，自古就以优美的自然景观和众多的人文景观驰誉中外。青城山有36峰，8大洞，72小洞，108景。最高海拔2 434米，青城山现有道教宫观11处，建筑风格具有中国道教文化特色和川西民俗特色。

◆ 青城山

◆ 都江堰

青城山是中国著名的历史名山和国家重点风景名胜区，山东麓有距今约4 500年的新石器时代晚期的芒城遗址，这里出土的大量文物，对揭示古蜀文明具有重要意义。青城山是中国道教的发源地。龙溪自然保护区里生物多样、丰富、独特，是国宝大熊猫重要分布地之一。

都江堰

都江堰能经久不衰的重要原因，就是渠首位置选址科学，工程与地形条件配合巧妙，相辅相成，布局合理。都江堰是当今世界年代久远、唯一留存、以无坝引水为特征的宏大水利工程。它不仅是中国水利工程技术的伟大奇迹，也是世界水利工程的璀璨明珠。都江堰是全世界迄今为止仅存的一项伟大的生态工程。

比较分析

世界古老的著名水利工程中，古巴比伦王国建于幼发拉底河上的纳尔·汉谟拉比渠和古罗马的人工渠道都早已荒废，只有都江堰独步千古，永续利用，长盛不衰。都江堰与中国古代著名的水

利工程相比，其构思、设计、选址独具匠心；规模效益，绝无仅有。它是自然生态、科学文化、人与自然紧密和谐的伟大创举。

青城山、都江堰地处四川成都平原西缘，是四川盆地与青藏高原的结合部，也是中国西部两大地形阶梯的转折点，是两大植物区系的交汇区。保护区内地形复杂，气候多样，为生物的形成和繁衍提供了良好的生态环境。青城山集道教文

◆ 都江堰奇石

化、古建筑文化、青城武功、青城易学、青城丹法于一山之中，是中国道教名山。青城山是中国道教的发源地，是中国道教十大洞天中的“第五大洞宝仙九室之天”，山内有全国最集中的道教宫观建筑群，始于晋，盛于唐，体现了中国西南民俗民风的特色，武当山体现的是宫廷建筑特色，青城山的道教建筑群自然、古老和悠久，体现出浓郁的中国西南地方特色和民族习俗。青城山道教自创建至今，宗派繁衍，久盛不衰，香火未断。

四、皇家园林遗产

北京故宫

灿烂明珠紫禁城

北京故宫，又名紫禁城。它坐落于北京市中心，为明、清两代的皇宫，是明代皇帝朱棣于1406—1420年间建成的。故宫是我国现存最大、最完整的古建筑群。宫殿沿着一条南北向的中轴线排列，左右对称，规划严整，气魄宏伟，极为壮观，

◆ 故宫鸟瞰图

它标志着我国悠久的文化传统，显示着500余年前我国在建筑艺术上的卓越成就。故宫平面呈长方形，南北长961米，东西宽753米，占地面积72万多平方米。城墙环绕，周长3 428米，城墙四角各有一座结构精巧的角楼。城外有一条宽52米、长3 800米的护城河环绕，构成完整的防卫系统。宫城辟有四门，南面有午门，为故宫正门，北有神武门、玄武门，东面东华门，西为西华门。

◆ 故宫

◆ 故宫太和殿

◆ 故宫

辉煌历史

1420—1911年间，共有24位皇帝先后居住在这座宫殿内，宫内有各类殿宇9 000余间，都是木结构、黄琉璃瓦顶、青白石底座饰以金碧辉煌的彩画，建筑总面积达15万平方米。故宫由外朝与内廷两部分组成。外朝以太和殿、中和殿、保和殿三大殿为中心，东西以文华殿、武英殿为两翼，是皇帝处理政事、举行重大庆典的地方。内廷以乾清宫（皇帝卧室）、交泰殿、坤宁殿（皇帝结婚新房）为中心，东西两翼有东六宫、西六宫（皇妃宫室）。总体布局为中轴对称，前三殿、后三宫坐落于全城中轴线上，气势雄伟，豪华壮观，在世界上别具一格，辉煌壮丽，是具有中国古典风格和东方格调的建筑物，也是世界上最大的皇宫。

1925年10月10日成立故宫博物院。1948年将古物陈列所并入故宫博物院。1949年以后，政府对这座古代建筑和文物进行了大规模修整，并整理展出大批文物，使其成为一座举世闻名的古文化艺术博物院。并在西华门内成立第一档案馆，专门从事整理政府和宫廷档案。故宫博物院的一些宫殿中设立了综合性的历史艺术馆，收藏大量古代艺术珍品，据统计共达1 052 653件，占全国文物总数的六分之一，为国内收藏文物最丰富的博物馆，也是世界著名的古代文化艺术博物馆，其中很多文物是绝无仅有的无价国宝。

故宫文物分成宫廷原状和古代艺术两大陈列体系，先后布置了51个原状陈列，真实性很高，建立10余个专馆，先后举办

◆ 故宫博物馆

各种展览数百余次，赴欧、亚、美、澳、非五大洲展览数十次，宣传中国灿烂的古代文化艺术传统，促进与世界各国的文化交流。1961年，中华人民共和国国务院颁布故宫为全国重点文物保护单位。1987年，故宫正式被联合国教科文组织作为文化遗产列入《世界遗产名录》。

故宫古建筑群，由朱棣皇帝亲自策划营建。现存规模之大，构造之严谨，装饰之精美，文物之众多，在中国古建筑中绝无仅有，是世界著名的皇宫建筑群之一。

◆ 故宫

北京颐和园

颐和园位于北京西郊，是清代的皇家园林，是中国传统造园艺术的典范，也是北京清朝皇家园林——“三山五园”中唯一完整独存的一处。

◆ 颐和园

◆ 颐和园万寿山

◆ 颐和园

园林历史

乾隆十四年（1749年）始建清漪园。咸丰十年（1860年）被英法联军所毁。光绪十四年（1888年），慈禧为了个人享受，不惜挪用海军军费来重建，改称颐和园。清代皇家经营了近300年，规模宏大，总面积为290公顷，共有殿堂楼阁、亭台水榭3 000余间，全园布局分为行宫区和风景游览区。今之万寿山，元朝名瓮山，传说，有位老人在山上掘出一装满宝物的石瓮，因而得名。山前有湖名瓮山泊。1292

年，科学家郭守敬开挖通惠河，将昌平及西山一带泉水汇引湖内，接济漕运，瓮山泊始成为调剂京城用水的蓄水库。明朝时，瓮山泊改称西湖，每年桃红柳绿时，京城百姓扶老携幼，争往西湖踏青赏春。

乾隆十四年（1749年）冬，乾隆皇帝弘历为其母庆祝六十寿辰，将湖山按照园林创意进行了大规模的疏浚与治理，在湖中模仿杭州西湖苏堤新筑了一条贯通南北的西堤，并使水面一分为三，保留原西湖东岸上的

龙神祠，成为一个较大的岛屿。同时，把挖湖的泥土，按照造园布局的需求堆筑在山上，使山体形象如一只展翅欲飞的大蝙蝠。翌年乾隆帝改瓮山名为万寿山，西湖名为昆明湖。咸丰十年(1860年)，清漪园与圆明园等著名皇家园圃一起被英法联军焚毁。园内数以万计的文物珍藏皆被抢掠一空。光绪十二年(1886

◆ 多宝琉璃塔

年），慈禧太后挪用北洋水师经费重建，历时10年，共耗银3 000万两，在清漪园废墟上重新修建，于1888年改园名为“颐和园”。1900年，颐和园又遭到八国联军的野蛮抢掠和破坏，1903年重新修复。

园内的建筑

由宫门进入仁寿门，是清朝帝后驻园期间处理政务的地方。仁寿殿后是三座大型四合院：乐寿堂、玉澜堂和宜芸馆，分别为慈禧、光绪和后妃们居住的地方。宜芸馆东侧的德和园大戏楼是清代三大戏楼之一。

颐和园内的建筑结构皆以自然山水为基础，其建筑形式多模拟江南名胜古迹，创建了众多绚丽恢宏的廊、桥、亭、榭，殿、宇、楼、

◆ 颐和园昆明湖

台。游览区分为万寿山前山、昆明湖、后山后湖三个部分。

万寿山以南是昆明湖，荡舟于昆明湖上环视知春亭、长廊、万寿山、石舫、西堤六桥、龙王庙、十七孔桥，有如欣赏一幅人间仙境的绝美画卷，令人心旷神怡。万寿山与昆明湖之间，有一条长700多米的“长廊”，长廊枋梁上有彩画8 000多幅，号称“世界第一廊”。后山后湖碧水滢回，古松参天，幽静异

◆ 颐和园长廊

常。有藏式寺庙群四大部洲，岸边的苏州买卖街小店栉比，一派江南水乡景色。后湖东端通往秀丽精巧的谐趣园，它被称为“园中之园”。

颐和园是中国园林艺术史上的里程碑。古往今来，她以其无与伦比的园林艺术魅力倾倒了无数中外游客，被人们赞誉为“人间天堂”。其亭台、长廊、殿堂、庙宇和小桥等人工景观与自然山峦和开阔的湖面相互和谐、艺术地融为一体，堪称中国风景园林设计中的杰作。

◆ 颐和园

沈阳故宫

沈阳故宫始建于1625年，是清朝入关前清太祖努尔哈赤、清太宗皇太极创建的皇宫，又称盛京皇宫，清朝入主中原后改为陪都宫殿和皇帝东巡行宫。沈阳故宫经过多次大规模的修缮，现已辟为沈阳故宫博物院。北京、沈阳两座故宫构成了中国仅存的两大完整的明清皇宫建筑群。

◆ 沈阳故宫

◆ 沈阳故宫

◆ 大政殿

沈阳老城内的大街呈“井”字形，故宫就设在“井”字形大街的中心，占地6万平方米，现有古建筑114座。沈阳故宫按照建筑布局和建造先后，可以分为3个部分：东路为努尔哈赤时期建造的大政殿与十王亭；中路为清太宗时期续建的大中阙，包括大清门、崇政殿、凤凰楼以及清宁宫、关雎宫、衍庆宫、启福宫等；西路则是乾隆时期增建的文溯阁等。整座皇宫楼阁林立，殿宇巍峨，雕梁画栋，富丽堂皇。

沈阳故宫的主要建筑

◆ 沈阳故宫

大政殿是一座八角重檐亭式建筑，正门有两根盘龙柱，以示庄严。大政殿用于举行大典，如皇帝即位，颁布诏书，宣布军队出征，迎接将士凯旋等。十王亭则是左右翼王和八旗大臣办事的地方。这种君臣合署在宫殿办事的现象，历史上少见。从建筑上看，大政殿也是一个亭子，不过它的体量较大，装饰比较华丽，因此称为宫殿。大政殿和成八字形排开的10座亭子，其建筑格局乃脱胎于少数民族的帐殿。这11座亭子，就是11座帐篷的化身。帐篷是可以流动迁移的，而亭子就固定起来了，显示了满族文化发展的一个里程碑。

崇政殿在中路前院正中，俗称“金銮殿”，是沈阳故宫最重要的建筑。整座大殿全是木结构，五间九檩硬山式，辟有隔扇门，前后出廊，围以石雕的栏杆。殿身的廊柱是方形的，望柱下有吐水的螭首，顶盖黄琉璃瓦镶绿剪边；殿柱是圆形的，两柱间用一条雕刻的整龙连接，龙头探出檐外，龙尾直入殿中，实用与装饰完美地结合为一体，增加了殿宇的帝王气魄。此殿是清太宗日常临朝处理要

◆ 崇政殿

◆ 沈阳故宫

◆ 沈阳故宫

务的地方，1636年，后金改国号为大清的大典就在此举行。崇政殿北首的凤凰楼3层，是当时京城内最高的建筑物。

沈阳故宫博物院不仅是古代宫殿建筑群，还以丰富的珍贵收藏而著称于海内外，故宫内陈列了大量旧皇宫遗留下来的宫廷文物，如努尔哈赤用过的剑等。

◆ 沈阳故宫

承德避暑山庄及周围寺庙

现存最大的皇家园林

避暑山庄及周围寺庙即清朝皇帝的夏宫，建造于18世纪初，清前期重要的政治、军事、民族和外交等国家大事，都在这里处理。因此，避暑山庄也就成了北京以外的陪都和第二个政治中心。

避暑山庄占地564万平方米，环绕山庄蜿蜒起伏的宫墙长达万米，是中国现存最大的皇家园林。

◆ 承德避暑山庄

◆ 承德避暑山庄

◆ 周围寺庙

◆ 承德避暑山庄

宫殿区建于南端，是皇帝行使权力、居住、读书和娱乐的场所。避暑山庄这座清帝的夏宫，以多种传统手法，营造了120多组建筑，融汇了江南水乡和北方草原的特色，成为中国皇家园林艺术荟萃的典范。

避暑山庄周围的寺庙是由12座金碧辉煌、雄伟壮观的喇嘛寺庙群组成，每处寺庙都像一座座丰碑，记载着清朝统一和团结的历史。这些寺庙的建筑风格使汉、藏文化艺术融于一体，寺庙殿堂中，完好地保存和供奉着精美的佛像、法器等近万件。

秀美的山庄景色

1.避暑山庄

避暑山庄内分为宫殿区和苑景区两大部分，宫殿区位于避暑山庄南端，占地10.2万平方米。在正宫、松鹤斋、万壑松风和东宫四组建筑，宫殿区是清帝理朝听政、举行大典和寝居之所。清帝嘉庆、咸丰皆病逝于此，影响中国历史进程的“辛酉政变”亦发端于此。正宫区藏有珍贵文物2万余件。

苑景区分为湖区、平原区和山区。湖区有大小湖泊八处，平原区分为西部草原和东部林地。

山区：自南而北，由四条沟壑组成，山峦之中，古松参天，林木茂盛。

2.周围寺庙

周围寺庙是清政府为安抚中国西北蒙、藏等少数民族，加强边疆管理而建造的皇家寺庙。周围寺庙由12 座庙宇组成，建筑风格各异。

（1）汉式寺庙

汉式寺庙是以汉族传统宫殿、府邸建筑格局为主的寺庙建筑，包括博仁寺、博善寺、殊像寺、罗汉堂和广缘寺。

（2）藏式寺庙

周围寺庙中的庙宇大多受到藏式寺庙不同程度的影响，其中普陀宗乘之庙、须弥福寿之庙和广安寺三庙在主体上属于藏式风格。

（3）汉藏结合式寺庙

汉藏结合是周围寺庙建筑最为鲜明而突出的特色。普宁寺、普佑寺、安远庙、普乐寺四座寺庙则是这种汉藏结合式建筑的代表。这些寺庙一般采取前部为汉式建筑形制，后部为藏式建筑形制。

◆ 承德避暑山庄

◆ 承德避暑山庄

◆ 承德避暑山庄

◆ 承德避暑山庄

避暑山庄的历史

避暑山庄及周围寺庙自康熙四十二年（1703年）动工兴建，至乾隆五十七年（1792年）最后一项工程竣工，经历了康熙、雍正、乾隆3代帝王，历时89年。

避暑山庄的营建，大体分为两个阶段。

第一阶段：从康熙四十二年（1703年）至康熙五十二年（1713年），开拓湖区、筑洲岛、修堤岸，随之营建宫殿、亭树和宫墙，使避暑山庄初具规模。康熙皇帝选园中佳景以四字为名题写了“二十六景”。

第二阶段：从乾隆六年（1741年）至乾隆十九年（1751年），乾隆皇帝对避暑山庄进行了大规模扩建，增建宫殿和多处精巧的大型园林建筑。乾隆仿其祖父康熙，以三字为名又题了“三十六景”，合称为避暑山庄七十二景。康熙五十二年至乾隆四十五年（1713年至1780年），伴随避暑山庄的修建，周围寺庙也相继建造起来。

避暑山庄及周围寺庙的价值

避暑山庄及周围寺庙是中国古代帝王宫苑与皇家寺庙完美融合的典型范例，是帝王范圃与皇家寺庙建筑经验的结晶。它成为与私园并称的中国两大园林体系中帝王宫范体系中的典范之作。园林建造实现了“宫”与“苑”形式上的完美结合和“理朝听政”与“游息娱乐”功能上的高度统一。寺庙建筑具有鲜明的政治功用。

避暑山庄及周围寺庙，是中国现存最大的古代帝王范圃和皇家寺庙群。它集中国古代造园艺术和建筑艺术之大成，是具有创造力的杰作。也是世界了解中国文化的实物资料。这样一座具有世界性突出普遍价值的艺术杰作，只有列入《世界文化遗产》加以保护才能使其得以永久传世并更好地发挥其所具有的世界意义。

◆ 承德避暑山庄

西藏布达拉宫

高原圣殿

布达拉宫在西藏拉萨西北的玛布日山上，是著名的宫堡式建筑群，藏族古建筑艺术的精华。宫堡依山而建，现占地41万平方米，金光灿烂，气势雄伟，被誉为“高原圣殿”。

布达拉宫依山垒砌，群楼重叠，殿宇嵯峨，气势雄伟，有横空出世，气贯苍穹之势，坚实墩厚的花岗石墙体，松茸平

◆ 布达拉宫

展的白玛草墙领，金碧辉煌的金顶，具有强烈装饰效果的巨大鎏金宝瓶、幢和经幡，交相映辉，红、白、黄3种色彩的鲜明对比，分部合筑、层层套接的建筑型体，都体现了藏族古建筑迷人的特色。布达拉宫是藏式建筑的杰出代表，宫内的柱梁上有各种雕刻，墙壁上的彩色壁画面积有2 500多平方米。宫内还收藏了西藏特有的、在棉布绸缎上彩绘的唐卡，以及历代文物。

◆ 布达拉宫壁画

梵宇琼宫的传说

传说这座辉煌的宫殿缘起于公元7世纪，当时西藏的吐蕃王松赞干布为迎娶唐朝的文成公主，特别在红山之上修建了9层楼宫殿999间，取名布达拉宫。由松赞干布建立的吐蕃王朝灭亡之后，古老的宫堡也大部分被毁于战火，直至公元17世纪，才开始重建。以后历代达赖又相继进行过扩建，于是布达拉宫就成了今天的规模。

◆ 布达拉宫的白宫

宫宇解析

宫宇叠砌，迂回曲折，同山体有机地融合，这是布达拉宫给人最为直接的感受。其外观有13层，自山脚向上，直至山顶。整体建筑主要由东部的白宫、中部的红宫及西部白色的僧房组成。在红宫前还有一片白色的墙面为晒佛台，这是每当佛教节庆之日，用以悬挂大幅佛像的地方。作为藏传佛教的圣地，每年到布达拉宫的朝圣者及旅游观光客总是不计其数。

在半山腰上，有一处约1 600平方米的平台，这是历代达赖观赏歌舞的场所，名为“德阳厦”。由此扶梯而上经达松格廓廊道，便到了白宫最大的宫殿——东大殿。此处就是历代

◆ 布达拉宫

达赖兴行坐床、亲政大典等重大宗教、政治活动的场所。红宫是达赖的灵塔殿及各类佛堂。西大殿是五世达赖灵塔殿的享堂，它是红宫内最大的宫殿。从西大殿上楼经画廊就到了曲结竹普（即松赞干布修法洞），这座公元7世纪的建筑是布达拉宫内最古老的建筑之一，里面保存有松赞干布、文成公主及其大臣的塑像。

如今，统一花岗石的墙身、木制屋顶及窗檐的外挑起翘设计、全部的铜瓦鎏金装饰，以及由经幢、宝瓶、摩羯鱼、金翅鸟做脊饰的点缀……一切完美配合使整座宫殿显得富丽堂皇。大殿内的壁画亦算是布达拉宫内一道别致风景，在这堪称巨型绘画艺术长廊内，既记载有西藏佛教发展历史，又有五世达赖生平，文成公主进藏过程，还有西藏古代建筑形象和大量佛像金刚等等。在人们心中，这座凝结藏族劳动人民智慧又目睹汉藏文化交流的古建筑群，已经以其辉煌的雄姿和藏传佛教圣地的地位绝对地成为了藏民族的象征。

明清皇家陵寝

明显陵

明显陵位于湖北省钟祥市城东纯德山，是明世宗嘉靖皇帝的父亲恭睿皇帝和母亲章圣皇太后的合葬墓，始建于明正德十四年(1519年)，圆陵墓面积1.83平方千米，是我国中南地区唯一的一座明代帝王陵墓，是我国明代帝陵中最大的单体陵墓。其“一陵两冢”的陵寝结构，为历代帝王陵墓中绝无仅有。

明显陵的建筑格局，从整体看，宛如一个巨大的“宝瓶”，分内外围城，红墙黄瓦，随山势起伏，雄伟壮观。外围城南端为两重陵门，称新、旧红门。外围城外，原建有陵卫、更铺、军户、礼生乐户等。

◆ 明显陵

明显陵布局巧夺天工，工艺浮雕精美绝伦。优美的自然风光、神奇的风水宝地、雄伟的皇帝陵寝、

动人心魄的明宫故事，令游人心迷神摇，流连忘返。

◆ 清东陵

清东陵

清东陵位于河北省遵化市西北30千米处的马兰峪，陵园大小建筑580座。清东陵是葬有顺治、康熙、乾隆、咸丰和同治5个清朝皇帝，再加上孝庄、香妃和慈禧等161人的大陵园。

清东陵不只占地面积大，而且环境也美，群山环抱，树木葱茏。清东陵四面环山，是个方圆四十余里的小盆地，由龙门口向北望，苍山脚下，绿树丛中，古老雄伟的殿台楼阁若隐若现，金黄碧绿的琉璃瓦顶闪烁着迷人的光彩。

◆ 清东陵

◆ 清东陵

清东陵是我国最后一代王朝——清王朝帝王的主要陵寝之一，它比我国最大的古建筑群——北京故宫还大十万平方米。

清东陵的建筑布局，除昭西陵、惠陵单成体系外，其他各陵均以顺治孝陵为主（内葬第一帝顺治和其两名皇后），孝陵全长十一华里。清东陵堪称清朝遗留的中国文化瑰宝。

◆ 清东陵慈禧陵地宫

清西陵

清西陵位于河北省易县城西15千米的永宁山下，是清代帝王陵寝之一，与河北省遵化县东陵东西相对，故而称西陵。这里埋葬着雍正、嘉庆、道光、光绪4位皇帝及他们的后妃、王爷、公主、阿哥等76人。共有陵寝14座，还有配属建筑行宫、永福寺，这里风景秀丽，环境幽雅，规模宏大，体系完整，是一处典型的清代古建筑群。

◆ 清西陵

雍正八年（1730年），以此地“山脉水洁，条理详明”，系龙脉吉地而于此兴建泰陵；雍正死后，乾隆继位，父子不葬一地为制，遂形成东、西陵隔辈建陵的现象。

西陵的建筑形制大致与东陵相仿。泰陵在清西陵诸陵中兴建年代最早、规模也最大。泰陵西侧 2 千米为昌陵，是嘉庆皇帝和孝淑皇后的合葬陵，其隆恩殿以花斑石铺地，为帝陵中所罕见。由昌陵再往西 3 千米为慕陵，是道光皇帝和孝穆、孝全两位皇后的陵墓。崇陵位于泰陵东侧，是光绪皇帝和隆裕皇后的陵墓，也是中国最后一座帝陵。

◆ 泰陵

五、石窟艺术遗产

甘肃敦煌莫高窟

在甘肃省敦煌市鸣沙山东麓的崖壁上，长长的栈道将大大小小的石窟曲折相连，洞窟的四壁尽是与佛教有关的壁画和彩塑，肃穆端庄的佛影、飘舞灵动的飞天……庄严神秘，令人屏声敛息。这里，便是世界最大的佛教艺术宝库——莫高窟。

公元前2世纪，汉武帝派张骞出使西域，打开了通向中亚、西亚的陆上交通“丝绸之路”。千百年来，碧天黄沙的丝路贯通着中西文化交流和

◆ 敦煌莫高窟

友好往来。而敦煌地处丝路南北三路的分合点，当年曾是一座繁华的都会，贸易兴盛，寺院遍布。以艺术形象宣传思想的佛教，从印度传入中国后，与中华传统文化融合，沿路留下了大量的石窟文化遗产，其中以莫高窟为主体的敦煌石窟规模最大，延续时间最长，内容最丰富，保存最完好。

◆ 敦煌莫高窟

甘肃敦煌石窟包括莫高窟、西千佛洞和榆林窟。其中莫高窟俗称千佛洞，是敦煌石窟的代表。

始凿于366年，后经十六国至元十几个朝代的开凿，形成一座内容丰富、规模宏大的石窟群。

莫高窟经过风沙侵蚀仍保存着10个朝代的750多个洞窟，窟内壁画45 000平方米，彩塑2 400余身，飞天4 000余身和唐宋窟檐木构建筑5座。是世界上现存规模最宏大、保存最完好的佛教艺术宝库，被誉为“东方艺术明珠”。藏经洞（莫高窟

◆ 敦煌莫高窟

第17洞）内藏有上千件绢画、版画、刺绣和大量书法作品。如果把所有艺术作品一件件陈列起来，便是一座超过25千米长的世界大画廊。

敦煌石窟艺术中数量最大、内容最丰富的部分是壁画，有尊像画、佛经故事画、经变画等。

壁画反映了当时的一些生产劳动场面、社会生活场景、衣冠服饰制度、古代建筑造型以及音乐、舞蹈、杂技的画面，也记录了中外文化交流的历史事实。

◆ 敦煌莫高窟壁画

飞天，是佛教中称为香音之神的能奏乐、善飞舞、满身异香而美丽的菩萨。唐代飞天更为丰富多彩，气韵生动，中国艺术家用绵长的飘带使她们优美轻捷的女性身躯漫天飞舞。飞天是民族艺术的一个绚丽形象。

藏经内藏有写经、文书和文物4万多件。此后莫高窟更为引人注目。

◆ 敦煌莫高窟

20世纪初，洞内一部分珍贵的文物曾被掠走，这些盗窃和破坏，使敦煌文物受到很大损失。中国从20世纪40年代起成立了莫高窟的学术研究和保护机构；60年代对石窟进行了全面的加固；80年代开始，莫高窟进入了现代科学保护时期。

◆ 敦煌莫高窟飞天

龙门石窟

龙门纵览

驰名中外的龙门石窟，位于洛阳城南12千米处，这里远望犹如一座天然门阙，史称“伊阙”。隋朝建都洛阳后，因宫城门面对“伊阙”而始称“龙门”。著名的龙门石窟就密布在伊水两岸长达1千米的两山崖壁上，他同甘肃敦煌莫高窟、山西大同云岗石窟并称为“中国三大石刻艺术宝库”。

◆ 龙门石窟

龙门石窟开凿于北魏孝文帝由平城（今山西大同）迁都洛阳前后（公元493年），历经东魏、西魏、北齐、隋、唐、宋诸朝，雕凿不断。据统计，东西两山现存窟龛2 345个，碑刻题记2 800余块，佛塔40余座，造像10万余尊。

龙门石窟虽然是佛教文化的艺术表现，但它也折射出了当时的政治、经济和社会文化时尚。石窟中至今仍然保留着大量的宗教、美术、建筑、书法、音乐、服饰、医药等方面的实物资料，因此它堪称为一座大型石刻艺术博物馆。

龙门山河壮丽，风景宜人，自古即为洛阳八景之冠。两山翠柏与伊水相映，游览路旁的十几处泉水构成了优美的景观。唐代大诗人白居易有“洛都四郊山水之胜，龙门首焉”的佳句，今诵尤新。古老的艺术、优美的环境、方便的交通，吸引了众多的国内外学者和游人。

◆ 龙门石窟

◆ 莲花洞

代表石窟

北魏时代的代表性洞窟有古阳洞、宾阳中洞、莲花洞、魏字洞、皇甫公窟等。

宾阳中洞是北魏宣武帝为其父母孝文帝、文昭皇太后做功德而营造的，历时约24年，用工802 366个。窟顶雕饰华盖，地面作莲花池状，前壁两侧的“帝后礼佛图”是当时宫廷生活、仪仗制度及佛事活动的真实写照。

古阳洞是龙门石窟中开凿年代最

◆ 古阳洞

早、雕刻内容最丰富的洞窟。南北两壁各雕3层佛龛，龛内有身着袒右肩袈裟结跏趺坐的释迦像；有袒上身、下着裙、两腿交叉在狮子座前的弥勒像；有着褒衣博带袈裟的释迦和多宝二佛并坐像。大小龛像造型秀美，龛楣及佛像背光精巧富丽，并有极富变化的装饰图案和佛传纹样，属龙门石刻中的精品。

◆ 万佛洞

莲花洞由于窟顶刻一高浮雕大莲花而闻名，主佛为立姿的释迦牟尼像，两旁二弟子二菩萨胁侍，为释迦云游讲经说法像。

龙门石窟唐代的代表性洞窟有奉先寺、万佛洞、潜溪寺、看经寺及大万伍佛洞等。奉先寺规模最大，是中国佛教艺术的

登峰造极之作。主佛卢舍那像通高17.14米，头高4米，耳长1.9米；丰颐秀目，嘴角略翘，稍含笑意，微微俯视的双眼恰同信徒们仰视的目光交会，形象既庄严雄伟又不失睿智慈祥。左侧老僧迦叶严谨持重，右侧阿难文静虔诚；文殊、普贤二菩萨身着盛装，佩带璎珞宝珠；护法天王身穿甲胄，手托宝塔，足踏地鬼，身躯壮硕，严肃镇定；金刚力士刚强威猛，袒胸赤膊，咄咄逼人。二菩萨的外侧还各有一头梳双髻、身着长裙、足登云头鞋、

含睇微笑的供养人像。这组群像如众星托月，衬映出了卢舍那佛的崇高形象，充分显示了盛唐艺术的至高境界。

万佛洞内两侧壁下的伎乐神，有的奏乐，有的起舞，裙带飘拂，形象生动。

龙门石窟已经历了1 500年的沧桑岁月。由于自然和人为两方面的因素，损坏严重，尤其惨遭20世纪30年代前后的盗劫，完整者已不多。1953年中央文化部批准成立了“龙门石窟保管所”，石窟得到了妥善保护。70年代开始用新的科学技术研究病害治理并进行维修加固，修建了防雨和安全防护设施，石窟雕刻有了安全保障。

云岗石窟

惊世的奇伟之作

云冈石窟距今已有1 500多年的历史，始建于公元460年，由当时的佛教高僧昙曜奉旨开凿。现存的云岗石窟群，是1961年国务院公布的第一批全国重点文物保护单位之一。2001年12月，云冈石窟被列入《世界遗产名录》。

整个石窟分为东、中、西3部分，石窟内的佛龛，像蜂窝密布，大、中、小窟疏密有致地嵌贴在云冈半腰。东部的石窟多以造塔为主，故又称塔洞；中部石窟每个都分前后两室，主佛居中，洞壁及洞顶布满浮雕；西部石窟以中小窟和补刻的小龛为最多，修建的时代略晚，大多是北魏迁都洛阳后的作品。整座石窟气魄宏大，外观庄严，雕工细腻，主题突出。石窟雕塑的各种宗教人物形象神态各异。

◆ 云岗石窟

石窟依山而凿，东西绵延约1千米，共有大小石窟53个，佛雕51 000多尊，是我国最大的石窟之一，与敦煌千佛洞、洛阳龙门石窟并称为“中国三大石窟艺术宝库”。

北魏著名地理学家郦道元在《水经注》中，记录了当年云冈石窟的壮景：“凿石开山，因岩结构，真容巨壮，世法所希。山堂水殿，烟寺相望，林渊锦镜，缀目所眺”。

◆ 云冈石窟

◆ 云冈石窟

雄伟二十窟

一窟、二窟位于石窟群东端，两窟同期开凿，窟内布局大致相同。第三窟，是云冈最大的石窟，前面断崖高25米，中上部凿有12个方形石孔。窟分前后两室，后室雕一佛二菩萨像，两颊腴润，体态丰满，形态自然，衣纹流畅，此窟从雕造手法判断，应为隋唐时期的作品。第四窟东壁交脚弥勒像保存较完整。

第五窟内，中央端坐佛像1尊，佛高17米，是云冈石窟最大的雕像。这尊佛像，膝上可站立120人，1只脚上站立12人。大佛周围，小佛围绕，互相映衬。

第八窟，窟内两侧有五头六臂乘孔雀的鸠摩罗天，东侧刻有三头八臂骑牛的摩醯首罗天，这种雕像在云冈极为罕见。

十二窟，正壁上端刻有伎乐天人，手执弦管、打击乐器，神情迥异，形象生动。他们手中的排箫、箜篌等古典乐器十分珍贵。

十三窟，正中端坐1尊交脚弥勒佛像，高12米多，左臂与腿之间雕有1托臂力士像，这是云冈石窟仅有的1例。

十五窟，雕有1万余尊小佛坐像，人称万佛洞。

十六窟到十九窟是云冈最早开凿的“昙曜五窟”，窟形椭圆，中间主佛立于莲座上，周壁雕有千

◆ 云岗石窟

佛与佛龛。

二十窟，露天造像，主佛胸以上部位保存较完整，脸型丰满圆润，双耳垂肩，双目有神，面目慈祥，雕饰精美，刚健雄浑，是云冈石窟中最富有代表性的作品。

云冈石窟，是在我国传统雕刻艺术的基础上，吸取和融合印度犍陀罗艺术及波斯艺术的精华所进行的创造性劳动的结晶。

◆ 云岗石窟

大足石刻

◆ 北山石刻

摩崖造像

大足石刻位于重庆市，以大足县、潼南县、铜梁县、璧山县为范围，在此地可赏到代表中国唐、宋时期的石刻造像艺术。大足石刻是大足县境内主要表现为摩崖造像的石窟艺术的总称。

大足石刻群有石刻造像70多处，总计10万多躯，其中以宝顶山和北山摩崖石刻最为著名，其以佛教造像为主，儒、道教造像并陈，是中国晚期石窟造像艺术的典范，规模之宏大，艺术之精湛，内容之丰富，可与敦煌莫高窟、云冈石窟、龙门石窟齐名。

大足石刻

北山摩崖石刻开凿于唐代，长达500米余，共编为290号龛窟。

北山石刻以佛湾造像最为集中，佛湾佛像雕刻精细，体态俊逸，风格独特。“心神车窟”中的“普贤菩

◆ 大足石刻

◆ 大足石刻

萨”造像精美，被誉为“东方维纳斯”；“转轮藏经洞”被称为“石雕宫阙”；“韦君靖碑”、“蔡京碑”、“古文孝经碑”为世所独存，既是书法珍品，又可补史料之遗缺，价值极高。

佛湾石刻分南北两个区域，南区大多是晚唐、五代作品，北区大多为两宋时期作品。晚唐时期的作品，人物造型端庄丰满、气质浑厚、衣饰简朴、线条流畅。五代时期的

◆ 宝顶山摩崖石刻

作品，玲珑精巧、多彩多姿。

宝顶山摩崖石刻造像数以万计，以大佛湾和小佛湾规模最大。宝顶山是佛教圣地之一，有“上朝峨嵋，下朝宝顶”之说。

大佛湾为幽深的马蹄形山湾，由19组佛经故事组成的大型群雕，各种雕像达15 000多躯，设计之精巧，竟无一雷同，破了“千佛一面”之说。宝顶圆觉洞，为整石开凿，宽敞如室。洞正壁刻佛像三尊，

主佛前有跪菩萨一尊，俯首合十，恭敬虔诚，左右壁为十二圆觉菩萨。壁间刻楼台亭阁，人物鸟兽，花草树木，幽泉怪石，是大佛湾雕刻的精华。巨型雕有30多幅，以佛经故事为主要题材，造像旁还刻有经文、颂词

等文字说明，宛如一幅幅图文并茂的连环图画。

大足石刻不仅有规模巨大的佛教造像和体系完整的道教造像，还有石窟造像中罕见的纯儒家造像，而且“三教”、“两教”合一的雕刻也很多。大足石刻的这种文化现象作为实物例证，反映出在中国文化史上儒、道、释三家长期以来既斗争又融

◆ 大足石刻

合，到宋代时“孔、老、释迦皆至圣”，“惩恶助善，同归于治，三教皆可通行”的“三教合流”思想占主导地位的局面已经巩固。

大足石刻纵贯千余载，横融佛道儒，造像精美。同时伴随造像出现的各种经文、傍题、颂词、记事等石刻铭文有15万余字，而且多为

金石史中的佳品，是一座难得的文化艺术宝库。具有鲜明的民族特色，具有很高的历史、科学和艺术价值，在我国古代石窟艺术史上占有举足轻重的地位，被国内外誉为神奇的东方艺术明珠，是天才的艺术，是一座独具特色的世界文化遗产的宝库。